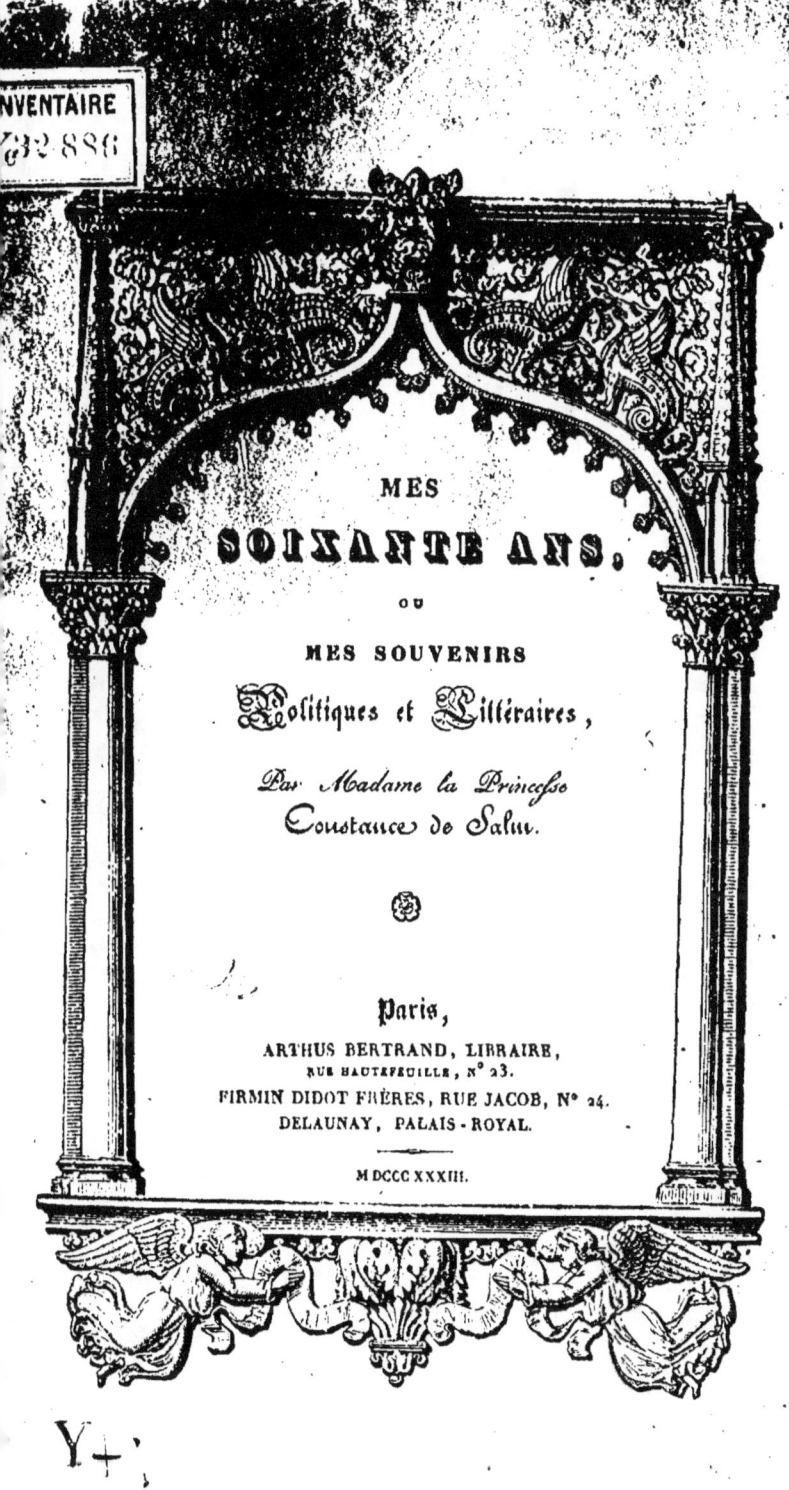

MES
SOIXANTE ANS,
OU
MES SOUVENIRS
Politiques et Littéraires,

*Par Madame la Princesse
Constance de Salm.*

Paris,
ARTHUS BERTRAND, LIBRAIRE,
RUE HAUTEFEUILLE, N° 23.
FIRMIN DIDOT FRÈRES, RUE JACOB, N° 24.
DELAUNAY, PALAIS-ROYAL.

M DCCC XXXIII.

MES SOIXANTE ANS,

ou

MES SOUVENIRS

POLITIQUES ET LITTÉRAIRES.

TYPOGRAPHIE DE FIRMIN DIDOT FRÈRES,
RUE JACOB, N° 24.

MES
SOIXANTE ANS,

ou

MES SOUVENIRS

Politiques et Littéraires.

PAR Mme LA PRINCESSE
CONSTANCE DE SALM.

> Muses! redisons-les ces temps tumultueux
> Dont la seule pensée et m'enflamme et m'oppresse;
> Ces temps de gloire, de détresse,
> Qui seront admirés par nos derniers neveux,
> Muses! redisons-les.

PARIS,
ARTHUS BERTRAND, LIBRAIRE,
RUE HAUTEFEUILLE, N° 23.
FIRMIN DIDOT FRÈRES, RUE JACOB, N° 24.
DELAUNAY, PALAIS-ROYAL.

1833.

Je n'ai jusqu'à présent parlé de moi dans aucun de mes ouvrages; mais arrivée à cet âge où l'on reporte involontairement ses regards sur le passé, j'ai éprouvé le besoin de me retracer ces temps si beaux et si extraordinaires que j'ai traversés, de me rendre compte de l'influence presque continuelle qu'ils ont eue sur ma longue carrière, et je n'ai pu résister au désir d'écrire ces souvenirs.

Ils sont à la fois un aperçu rapide des grands événements dont j'ai été témoin, ou plutôt de la foule de sensations qu'ils faisaient naître en moi, et un simple exposé de ma vie littéraire qui se rattache à tous mes souvenirs, et qui devait nécessairement faire partie de cet ouvrage. J'ai cru même devoir y rappeler, lorsque mon sujet m'a paru l'exiger, les différentes situations dans lesquelles le sort m'a placée, et, en général, m'y livrer librement à toutes mes inspirations, et m'y montrer dans mon caractère et dans mes sentiments comme dans mes opinions.

Ces souvenirs, que j'aurais pu appeler *mes mémoires moraux*, sont enfin un tableau fidèle de ce que j'ai vu, de ce que j'ai pensé, de ce qui pendant plus de quarante ans a occupé ou agité mes esprits. Celui qui les aura lus m'aura vue vivre; il aura parcouru avec moi cette longue série d'événements qui rendent ce siècle si célèbre, et, si je ne me trompe, il aura une idée juste de l'impression qu'ils produisaient sur nous, et de l'esprit qui nous animait dans ces temps de gloire et d'enthousiasme si différents de ceux que nous voyons aujourd'hui.

SOMMAIRE.

Introduction. — Premiers temps de la révolution. La terreur. — La France après la terreur. — Sapho, représentée en 1794. — Hymnes patriotiques. — Les femmes auteurs. — Épître aux femmes. — Triomphes de la France sous le directoire. — La société à la fin du siècle. — Lycée des arts, lycée de Paris, etc. — Éloges de Lalande, de Sédaine, etc. — Napoléon. — Grandeurs de l'empire. — Premier hommage rendu à l'Empereur. — La société sous l'empire. — Marie-Louise. — Épîtres diverses, Cantate. — Guerres de 1813, 1814, et 1815. — Chute de l'empire. — La restauration. — Les provinces du Rhin séparées de la France. — Épîtres. Ouvrage sur l'Allemagne. Vingt-quatre Heures d'une femme sensible. — Congrès de Vienne. Congrès d'Aix-la-Chapelle. — La France après l'occupation. — Retour en France. — La société sous la restauration. — Ouvrages divers. Épître sur l'esprit du siècle. — Révolution de 1830. — Épître aux souverains absolus. — Situation actuelle de la France. — Conclusion.

MES
SOIXANTE ANS,

ou

MES SOUVENIRS

Introduction.

Te voilà donc ce triste hiver de l'âge
Que, jeune, je croyais le moment du repos,
De ce repos forcé que doit subir le sage ;
Cet âge où, chaque jour, quoi qu'il ait en partage,
L'homme dans ses goûts, ses travaux,

Ses plus justes désirs, ses transports les plus beaux,
Du temps doit ressentir et l'effet et l'outrage!

Ne me trompé-je point pourtant?
Quand aussi sur mon front j'aperçois son ravage,
Mon esprit se sent-il de vains troubles exempt?
Au mot de gloire, de patrie,
Un généreux, un noble sentiment,
En moi s'élève-t-il encor subitement?
Puis-je encor dédaigner l'injustice et l'envie?
Puis-je encor dévoiler, confondre le méchant?
L'espoir d'orner mon nom des lauriers du talent,
Est-il toujours l'orgueil, le besoin de ma vie,
Son ivresse de chaque instant?
Ne me trompé-je point? cette flamme sacrée
Survit-elle à mes jeunes ans?
Oui, je le sens, je me sens inspirée
Par des pensers moins doux, mais peut-être plus grands:
Oui, je le sens, les vains efforts de l'âge,
Tels que les flots toujours menaçant le rivage,
Et qu'on voit chaque jour contre lui se briser,

Même à la fin de ma carrière,
En mon sein laissent tout entière
L'ardeur dont la nature a voulu m'embraser.

Et ce n'est point que dans mon ame
Il ne soit pas aussi de faiblesses, d'erreurs ;
Que je sois plus qu'une autre femme :
C'est que le transport qui m'enflamme
En moi s'est retrempé dans ces temps de grandeurs,
D'enthousiasme, de terreurs,
Où chacun s'élevant, bravant l'injuste blâme,
Chacun, pour la première fois,
Des peuples et de l'homme avait compris les droits ;
C'est que cette clarté nouvelle,
C'est que l'auguste liberté,
La civique vertu, la sage égalité,
Laissaient dans tous les cœurs une empreinte éternelle
Et d'honneur et de dignité ;
C'est que par ces hautes pensées
Sans cesse ranimant mes esprits et mes sens,
Je vis, j'existe encor dans ces splendeurs passées

Que ne peut atteindre le temps.
C'est aussi qu'à la crainte, à l'envie étrangère,
D'être ce que j'étais toujours heureuse et fière,
Femme, de nos esprits si long-temps comprimés,
J'ai franchi l'antique barrière,
J'ai pénétré dans la carrière,
Sûre enfin de ces droits par l'honneur réclamés,
De ces droits que pour tous on avait proclamés.

<small>Premiers temps de la révolution.</small> Qu'ils étaient beaux, grands dieux! ces jours de ma jeunesse,
Ces jours où tous les cœurs formaient les mêmes vœux!
Au bonheur, à l'espoir d'un peuple généreux,
En voyant succéder la belliqueuse ivresse,
L'éclat, le revers, la faiblesse;
A ces grands souvenirs, dans leur cours orageux,
En mêlant, malgré moi, sans cesse
Ceux de mes jeunes ans, de mes travaux nombreux,
Comme, aux portes de la vieillesse,
Cet immense tableau se déroule à mes yeux!
Muses! redisons-les ces temps tumultueux
Dont la seule pensée et m'enflamme et m'oppresse;

Ces temps de gloire, de détresse,
Qui seront admirés par nos derniers neveux,
Muses! redisons-les! Au déclin de ma vie,
Lorsque des ans encor je brave les rigueurs,
Muses, que je consacre à ma noble patrie,
A son double réveil ce reste d'énergie;
  Muses! redisons ses grandeurs!

Qu'ils étaient beaux ces jours qui charmaient mon jeune âge;
Ces jours où la sagesse et le mâle courage,
A la vérité sainte apportant leurs trésors,
D'un brillant avenir tout nous semblait le gage!
 Qu'ils étaient beaux les sentiments d'alors!
Que l'on se trouvait grand, que l'on se sentait libre,
Quand, d'une nation partageant les transports,
  On croyait presque sans efforts
Entre tous les pouvoirs établir l'équilibre,
Et par de nouveaux droits effacer de vieux torts!
Que l'on se trouvait grand quand on pouvait se dire :
  « Nul ici-bas n'est plus que moi :
  « Je ne reconnais d'autre empire

« Que celui de l'honneur, la raison, et la loi ! »
Que l'on se trouvait grand lorsque la voix du sage
Du haut de la tribune éclairait l'univers,
Arrachait la pensée à son long esclavage,
  Et de l'homme brisait les fers !
Que l'on se trouvait grand lorsque d'injustes guerres
  Partout créaient des défenseurs ;
  Quand les Français égaux et frères,
Pour venger leur pays s'élançant aux frontières,
  Étaient citoyens, et vainqueurs ;
Quand, sous le poids des discordes civiles,
  Tous à la fois levant le front,
Renvoyaient l'étranger qui menaçait leurs villes,
Dans ses foyers lointains dévorer son affront ;
  Quand ils voyaient malgré l'Europe entière,
  Malgré les peuples et les rois,
  S'affermir leurs pactes, leurs droits ;
Ces droits dont la justice et la sage lumière,
Au sein des passions, sont encore aujourd'hui
  Du despotisme la barrière,
Et de nos libertés le principe et l'appui !

Que l'on était plus grand quand l'audace et le crime, *La terreur.*
D'un civisme en fureur soudain se revêtant,
Au nom de la patrie accusaient l'innocent ;
  Quand la vertu simple et sublime,
A la force cédant, imposante victime,
 A l'échafaud marchait tranquillement ;
 Quand, prévoyant l'arrêt terrible,
Dans le fond des cachots on l'attendait, paisible,
Sans fuir, sans dédaigner un doux amusement ;
Quand même libre encor, à sa propre existence
  On devenait indifférent,
A l'aspect de ce fer sans cesse menaçant,
 Qui, décimant la généreuse France,
Tombait sur le vieillard, sur la mère, l'enfant !
Et lorsqu'enfin sonna l'heure de la justice ;
Quand on vit s'arrêter tant de forfaits sanglants ;
  Lorsqu'enfin l'affreux édifice
  Croula jusqu'en ses fondements ;
Quand aussi l'assassin marchait vers le supplice,
Quels transports, juste ciel, combien ils étaient grands !
  Vingt lustres passés sur ma tête

En moi ne pourraient affaiblir
Le terrible et beau souvenir
De ce jour de mort et de fête,
De cet homme sans voix, pâle, sans mouvement,
Maudit par tout un peuple à son dernier moment.

La France après la terreur. CEPENDANT ce mélange et d'horreur et d'ivresse
Dans nos cœurs, nos esprits semblait avoir porté
La force, la juste fierté,
Le courage, au-delà de l'humaine sagesse.
Jamais on n'unit plus d'ardeur
Au noble dédain de la vie;
Jamais avec plus d'énergie
On ne voulut le bien, on ne servit l'honneur,
On n'illustra son nom par l'œuvre du génie;
Jamais l'amour de la patrie,
Jamais la liberté sans trouble, sans efforts,
N'inspira de plus purs, de plus riants transports.
Les lettres, les beaux-arts, leurs vives jouissances,
Besoin du cœur après tant de souffrances,
Sortirent tout à coup de ce vaste chaos;

Chaque jour annonçait leurs triomphes nouveaux;
Et rendue au bonheur, paisible enfin, la France
Avec avidité savourant l'existence,
Unissait leurs douceurs aux douceurs du repos.

Tous leurs feux à la fois embrasèrent mon ame. Sapho représentée en 1794.
Soit que l'amour sacré des droits, des libertés,
Ces généreux transports, ces brillantes clartés,
Fissent naître en mon sein une nouvelle flamme:
Soit que tant de grandeurs, tant d'épreuves, de maux,
Portassent mes esprits vers de dignes travaux,
La gloire m'enivrait; la gloire qu'une femme
 Peut obtenir, la gloire du talent.
Quand sur mon front la mort planait à chaque instant,
(O de la renommée ineffable chimère!)
Un beau dessein déja m'occupait tout entière :
De Sapho dès l'enfance admirant la splendeur,
  Je voulais porter sur la scène
  Son nom, son amoureuse chaîne,
Et peindre en jeunes vers son antique malheur.
  La France respirait à peine;

Libre, je m'élançai, je parus dans l'arène :
En vain on me parlait du jaloux, du méchant,
En vain on me disait que toujours il nous blesse,
L'avenir était là, je le voyais sans cesse,
   Que m'importaient les erreurs du présent!

    Dieux! que ces moments de ma vie
      Furent pour moi délicieux!
Quand de ces grands pensers mon ame était remplie,
Que de Sapho j'aimais à retracer les feux;
Que mon travail encor s'élevait à mes yeux,
Quand je montrais l'erreur, le fanatisme impie,
Trompant la passion au nom sacré des dieux!
   Que je trouvais ma pensée embellie
Par la tendre, sublime ou brillante harmonie
D'un vieux maître célèbre, et dont jadis les chants
Avaient, redits partout, bercé mes jeunes ans!
De quelle joie enfin ne fus-je pas saisie
Quand je vis au théâtre, approuvée, applaudie,
L'œuvre de mon esprit, de mes travaux constants!....
    O jour de doux ravissements!

Jour de nobles succès et de riante gloire,

  Reste, reste dans ma mémoire,

Et charme encor ma vie à mes derniers instants !

  Mais quelle voix pourra redire   *Hymnes patriotiques.*

  Ce que bientôt me firent éprouver

D'autres travaux, fruits d'un plus beau délire ?

Combien je me sentais m'agrandir, m'élever,

  Quand, par mon succès enhardie,

  Des triomphes de ma patrie,

  Mon cœur, mon esprit enivré,

Lui vouait le transport qu'elle avait inspiré ;

Quand dans ce champ immense où des mains généreuses

Pour la fête d'un peuple avaient tout préparé,

Je distinguais de loin des voix harmonieuses

  Répétant mon hymne sacré ;

  Quand sur les listes glorieuses

De ceux qui célébraient nos victoires nombreuses,

Près d'un nom révéré j'apercevais mon nom ;

Quand je chantais enfin la grande nation ;

La grande nation dans les siècles célèbre,

Oubliant ses malheurs pour soutenir ses droits;
Que l'on venait de voir sous le crêpe funèbre,
En imposer encore aux despotes, aux rois;
La grande nation de gloire environnée,
Alors sans alliés, sans appui, sans secours,
Bravant les factions, l'Europe déchaînée,
S'égarant quelquefois, mais s'illustrant toujours!

<small>Les femmes auteurs.</small> D'AUTRES femmes aussi pénétraient dans la lice;
Mais de la liberté les droits encor nouveaux,
N'avaient point, étouffant l'envie et l'injustice,
Accoutumé l'esprit à nos nobles travaux.
De sophismes pompeux déployant l'artifice,
    Tout à coup on vit le jaloux,
    Du haut de sa grandeur factice,
Au saint nom du devoir s'élever contre nous.
    Dans son orgueilleuse colère,
L'ingrat, il outrageait ce sexe qui naguère
A l'homme prodiguait de si tendres secours;
Ce sexe si sublime et si grand dans ces jours
    Où le sang inondait la terre.

Ah ! quand il coulait à grands flots,
Quand un voile de deuil environnait la France,
Les femmes étaient là pour calmer tous les maux,
    Pour soutenir, ranimer l'espérance,
    Pour désarmer l'implacable ennemi;
Que dis-je? pour braver avec indifférence
La mort près d'un époux, près d'un père, un ami.
On venait de le voir leur immense courage,
Il arrachait encor des pleurs de tous les yeux :
    Mais quand, après ce noir orage,
    Leurs cœurs brûlant de mille feux
Exprimaient leurs transports dans ce noble langage
    Que l'on nomme celui des dieux,
Rien ne put désarmer le fol orgueil des hommes;
Tous semblaient dévoués, chacun devint ingrat;
Seuls ils voulaient briller d'un éternel éclat :
    Nous n'étions plus ce que nous sommes,
Nous devions végéter dans un obscur état;
Despotes du Parnasse, ils y faisaient renaître
Ces féodales lois que leur raison brisait,
Et nous devions subir les caprices du maître,

Quand à ce mot encor la France frémissait.

Epître aux femmes. C'EN était trop pour moi, je sentis dans mes veines
En flots tumultueux tout mon sang agité :
  Quoique, du public respecté,
Mon nom fût étranger à ces critiques vaines,
Soudain je me levai sans redouter les haines ;
  J'avais pour moi la vérité.
Dans l'asile sacré des arts, de la science,
  Dédaignant de vaines clameurs,.
Moi-même, de mon sexe embrassant la défense,
  Je tonnai sur nos détracteurs....

Ah ! sans doute l'honneur la rendit éloquente
  La voix qui réclamait nos droits :
Je crois la voir encor cette masse imposante
D'auditeurs attentifs et surpris à la fois ;
Je les vois m'approuver, honorer mon courage,
A mes vers, mes transports, rendre un subit hommage ;
J'entends encor ce bruit, ce murmure confus,
Ces mots qui ravissaient mes esprits éperdus.

Oui, je me le disais, je l'ai pensé sans cesse,
  L'auteur, qu'il ait ou non vaincu,
Après de tels moments de glorieuse ivresse
  Peut succomber; il a vécu.

  Mais la raison, l'expérience,
Enfin vinrent calmer mon juste emportement :
Je vis que du jaloux l'implacable vengeance
S'attache moins encore au sexe qu'au talent ;
 Je vis que, né pour la haine et l'envie,
  Son lâche cœur ne peut être dompté ;
Que du poëte il peut empoisonner la vie,
  Mais qu'il n'est rien pour la postérité.
Je dédaignai ses coups : une nouvelle flamme,
L'amour de mon pays, qui remplissait mon ame,
Bientôt d'une autre ardeur embrasa mes esprits.

De deux sexes rivaux quand les vaines querelles   *Triomphes*
Dans les lettres portaient les fureurs des partis,   *de la*
D'héroïques combats et des guerres réelles   *France*
  Ébranlaient l'univers surpris :   *sous le*
              directoire.

La France poursuivait ses immenses conquêtes;
Chaque aurore éclairait ses succès et ses fêtes.
  Sûre encor de ses libertés,
Sans cesse triomphante et sans cesse agrandie,
Partout elle portait ses armes, ses clartés;
 Elle faisait une même patrie
Des riches bords du Rhin, de la belle Italie,
De dix pays divers et par elle adoptés,
Fiers encore aujourd'hui d'en avoir fait partie.

Dieux! quel tableau charmait l'œil enchanté,
  Lorsque dans la grande cité
  Arrivaient ces grandes nouvelles;
Quand le détail mille fois répété
  De nos victoires immortelles
  En tous lieux était écouté
  Avec ivresse, avec avidité;
  Quand le peintre, en son beau délire,
Retraçait le haut fait qui l'avait transporté;
Quand l'auteur agité croyait pouvoir se dire :
  Ce vers que mon pays m'inspire

Dans les siècles futurs un jour sera chanté!
Oui, quoi qu'en ses récits l'histoire
Redise à la postérité,
Pour les comprendre, pour les croire,
Il faut les avoir vus ces nobles jours de gloire;
Il faut les avoir vus ces triomphes si beaux
Où le laurier civique était la récompense
Et du grand homme et du héros;
Et ces convois de deuil suivis d'un peuple immense,
Dans des hymnes sacrés rappelant la valeur
Du brave mort au champ d'honneur,
Mort en combattant pour la France;
Il faut les avoir vus ces temps
Où, chaque soir, au lycée, au théâtre,
Partout, on célébrait tant d'exploits éclatants
Dans de patriotiques chants
Que répétait en chœur un public idolâtre
De liberté, de gloire, et de beaux sentiments !

Mais, ô doux et riant prodige !
Au faîte des grandeurs, de la célébrité,

La société
à la fin
du siècle.

Des plaisirs et des jeux le séduisant prestige
Devenait un besoin pour la société.
Aux plus vastes desseins, aux plus hautes pensées,
Le simple amusement succédait sans effort,
  Et l'on goûtait avec transport
Des douceurs qu'aujourd'hui l'on croirait insensées.
L'ivresse était partout, dans les arts, les talents,
Les lettres; au théâtre, au concert, à la danse;
Dans la vive chanson, la plaintive romance,
  Que répétaient vingt journaux différents;
   Dans les jeux brillants de la scène
   Qu'au salon on reproduisait;
Dans la simplicité, dans l'horreur de la gêne,
   Dans la franchise, dans la haine
   Qu'au lâche, au traître l'on portait.
Chacun était heureux et grand à sa manière.
L'État, les lois, les mœurs, tout semblait épuré.
Foulant aux pieds l'orgueil, l'ambition altière,
La France s'avançait riante, mais plus fière,
Et de la république enfin le mot sacré
(On ne la croyait pas, comme au temps où nous sommes,

L'erreur d'un esprit égaré),
La république enfin d'un bonheur assuré,
Des droits, de l'avenir des hommes,
Semblait le gage révéré.

Dans la force de l'âge et l'été de ma vie, Lycée des Arts, lycées
Qu'il était grand alors mon espoir, mon bonheur! de Paris, etc. Éloges de Lalande,
Au feu du sentiment, par la raison mûrie, de Sédaine, etc.
Unissant les bienfaits de la philosophie,
De mon ivresse aussi rien n'arrêtait l'ardeur;
Par une œuvre bientôt une œuvre était suivie.
Libre des préjugés que j'avais combattus,
Admise en ces nobles lycées
Où chacun déployait ses talents, ses pensées,
J'y portais de mes vers les renaissants tributs.
Là, les soutiens des arts, de la science,
Pendant les longs malheurs qui pesaient sur la France,
Avaient gardé le feu sacré;
Là, l'intrigue, l'orgueil, la secrète influence
Des partis et de la puissance
Dans les lettres encor n'avaient point pénétré;

Là, lorsque d'un auteur on accueillait l'ouvrage,
On ne demandait point son sexe ni son âge,
C'était par son talent qu'il était illustré;
Là, l'esprit s'élevant plus fier, plus éclairé,
Ce n'était point du rang, d'un nom, d'une visite,
   Que dépendait le laurier du mérite
   Dont le front était décoré;
Là, j'admirais enfin des grands hommes, des sages,
Du siècle disparu mémorables débris :
Leurs noms par mon enfance avec respect redits,
Déja me paraissaient mériter mes hommages.
   A l'aspect de leurs cheveux blancs,
De leur front sillonné par l'étude et le temps,
Dans mes plus beaux transports, mes plus douces victoires,
  Je m'inclinais devant ces vieilles gloires
  Applaudissant à mes jeunes accents;
  Et quand la mort terminait leur carrière,
Tous étaient mes amis, tous ils disparaissaient;
A cette même place où naguère ils étaient,
Au public attendri j'étais heureuse et fière
De peindre leurs vertus, l'éclat dont ils brillaient,

Et de mêler ma voix aux voix qui redisaient
Les regrets de la France entière.

O noble enthousiasme, ô fortunés moments!
Brillante ivresse de la vie!
Qu'unis aux purs ravissements,
Aux généreux pensers, à la mâle énergie
Qu'inspiraient tour à tour la gloire et la patrie,
Vous captiviez alors nos esprits et nos sens!
Qu'il m'est doux de les peindre encore
Ces jours qui ne reviendront plus;
Ces jours qui du bonheur nous paraissaient l'aurore,
Ces jours qu'on méconnaît parce qu'on les ignore,
Que l'on comprit dès qu'on les eut perdus;
Ces jours où l'honneur, le courage,
De leur plus vif éclat brillaient;
Où par l'horreur de l'esclavage
Les passions s'ennoblissaient;
Où l'on pouvait se dire au printemps de son âge :
« Par moi seul je m'élèverai :
« Si d'illustrer mon nom je n'ai point l'avantage,

« Tout ce que je puis être au moins je le serai; »
Ces jours enfin où la faiblesse humaine
Jusque dans l'excès de l'erreur
Laissait encore au fond du cœur
Et la fierté républicaine,
Et la dignité du malheur!

Napoléon. Ah! lorsque le danger, ou le hasard peut-être,
Sur la scène du monde amena d'autres temps,
(Hélas! alors ils étaient près de naître!)
Dans ce trouble qui suit les grands événements,
Lorsque, le front couvert de lauriers éclatants,
Un grand homme vint à paraître;...
Lorsque par son génie et ses hauts faits constants,
Après avoir calmé nos vains égarements,
Malgré nous, il nous fit connaître
D'autres ambitions et d'autres sentiments;
Quand tout ce qu'il faisait nous annonçait un maître;
Sur la France déjà lorsque seul il régnait;
Par là quand il nous replaçait
Au rang des nations que nous avions vaincues;

Quand de nos libertés à sa voix disparues
    L'ombre, le nom seul nous restait;
Lorsqu'enfin, ébloui par le pouvoir suprême,
Des droits qu'il soutenait; qu'il proclamait lui-même,
    Dans son erreur il descendit
    Aux droits douteux d'un diadême,
    Qu'en vain plus tard il défendit,
    Oh dieux! quelles sombres tempêtes
    Troublaient notre cœur agité!
Oh dieux! malgré ses superbes conquêtes,
Et ses nombreux palais, et ses brillantes fêtes,
En le voyant, aux yeux de la postérité,
Orner d'un vain bandeau le front de la victoire,
Que nous les regrettons dans leur simplicité,
    Les temps de sa première gloire,
    Les temps de notre liberté!

Je les ai vus ces jours de deuil et de puissance   *Grandeurs de l'empire.*
Succéder à des jours de troubles, de bonheur;
Je les ai vus, après une longue stupeur,
Affliger, agiter, puis entraîner la France;

Car le héros toujours vainqueur
Créait un avenir de gloire et d'espérance :
Et quel est le Français qui peut fermer son cœur
Aux prodiges de la valeur ?
Que dis-je ! qui pouvait résister au grand homme
Jugeant, embrassant tout dans ses vastes clartés,
Chaque jour grossissant la somme
De nos succès, de nos prospérités ?
Je l'ai vu le héros, idole de l'armée,
Effroi de l'ennemi, rentrer dans ses foyers
Resplendissant de renommée,
S'entourer de savants, d'artistes, de guerriers,
Frapper l'improbité, rechercher le mérite,
Attacher son grand nom au code, aux monuments,
Relever les autels en traçant leur limite,
Honorer les mœurs, les talents,
Et dans sa marche toujours ferme,
Faire oublier à force de grandeurs
Que de l'indépendance il étouffait le germe
En en étouffant les erreurs.
Le monde les a vus dans l'éclat et le faste,

De sa simplicité magnifique contraste,
>> Humbles, rangés autour de lui,
Ces fiers ambassadeurs de puissances vaincues,
Qui semblent à la France ordonner aujourd'hui ;
Le monde les a vus implorer son appui,
>> Tandis qu'en ses secrètes vues
Par un mot, un regard, ou calme, ou dédaigneux,
Portant l'espoir, la crainte en leurs ames émues,
Il observait l'effet qu'il produisait sur eux.
Le monde entier l'a vu surchargé de couronnes,
Tour à tour conquérir, donner, créer des trônes,
Appeler à sa cour des grands, des souverains,
Les rendre l'instrument de ses vastes desseins,
>> Et faire de la noble France,
>> Ivre de gloire et de puissance,
>> Alors exempte de revers,
>> Des arts et des clartés le temple,
>> Des peuples conquérants l'exemple,
>> Et le foyer de l'univers.

Mais vous qu'embrasait seul l'amour de la patrie,

Apôtres de ses libertés !
En la voyant soumise à la force, au génie,
En songeant à ses droits par le sang achetés,
Que disiez-vous pourtant ?... Renfermant en vous-mêmes
Et vos craintes et vos regrets,
A peine pouvant croire à ces pouvoirs suprêmes,
Mais de la France enfin voulant la paix,
Vous attendiez qu'après tant de succès
Le grand homme posât ses armes glorieuses;
Vous attendiez, le front surchargé de soucis,
Qu'il fût permis aux ames généreuses
De croire qu'il faisait le bien de son pays.

Je l'attendais aussi : sans en être éblouie,
J'admirais ses hauts faits, je voyais sa grandeur.
Le sort, pour moi propice en sa rigueur,
Alors avait changé la ligne de ma vie :
Après un long revers, une longue douleur,
L'accord des goûts, l'heureuse sympathie,
Par un brillant hymen assurait mon bonheur;
J'avais quitté mon nom pour un nom plus illustre,

Du moins l'orgueilleux le disait,
Car, pour moi quel que fût son lustre,
Un autre lustre à mes yeux m'élevait ;
Et ce beau nom (étrange effet
Du destin qui se joue, en sa marche éternelle,
De l'homme, de ses vœux, de ses plus doux projets),
De mes travaux interrompant la paix,
Ce beau nom m'appelait dans cette cour nouvelle;
Il m'appelait dans ce grand tourbillon
Où, comme un songe vain, tout devait disparaître;
Où tout à mes regards était illusion,
Hors l'éclat, le pouvoir et les erreurs du maître ;
Où, portant malgré moi ma libre opinion,
Sur ces lambris dorés qui fatiguaient ma vue,
Je croyais voir écrit : LA GRANDE NATION,
TRIOMPHANTE PARTOUT, EST CHEZ ELLE VAINCUE.

Non, je ne l'oublîrai jamais *Premier hommage rendu à l'Empereur.*
Le sentiment que j'éprouvais
Le jour où tout à coup, suivant l'antique usage,

La puissance autour d'elle appelant notre hommage,
Pour la première fois, sombre, je franchissais
   Le seuil du superbe palais.
Du brave, du héros, dans sa première gloire,
    J'avais célébré la valeur;
Il était à mes yeux l'enfant de la victoire;
Son approbation, son sourire flatteur,
Je les mettais au rang de mes titres d'honneur.
   Mais quand de parure brillante,
   Et de moi-même mécontente,
   Sous ces voûtes je m'avançais,
  En traversant ces files de valets,
Ces grands salons gardés par des soldats en armes,
   Malgré moi déjà je pensais
Que d'immenses revers, que d'immenses alarmes,
De cet oubli de tout devaient punir l'excès.
   Et quand par la foule pressée,
Sur son trône, entouré d'un respect imposteur,
Je revis le guerrier, quand je vis L'EMPEREUR...
   Je sentis mon ame oppressée
Se remplir de regrets, de trouble, de douleur;

Je restais là, morne, glacée,
Autour de moi jetant un œil observateur,
Que peut-être il jugeait du haut de sa splendeur;
Car il devinait la pensée,
Et son regard perçant lisait au fond du cœur.
Là, tout me paraissait (j'ose à peine le dire,
Quand le grand homme était devant mes yeux,
Simple, superbe, sérieux),
Là, tout me paraissait un spectacle, un délire,
Un rêve succédant à la réalité,
Moins beau que le beau temps que nous avions chanté;
J'en regrettais jusques à l'âpreté,
Et je me demandais si le trône, l'empire,
Étaient bien une vérité.

Ah! sans doute ils l'étaient; mais qu'il eût été digne,
Le héros! du haut rang où tout l'avait porté,
S'il n'eût jamais franchi la ligne
Que lui traçait l'honneur, la générosité;
Si, dédaignant l'éclat que la puissance donne,
Il eût, dans sa prospérité,

Uni les droits du peuple à ceux de sa couronne;
Et sur le trône enfin s'il n'avait pas été
   Déserteur de la liberté.

La société sous l'empire.
  Ces pensers qui troublaient mon ame,
  La France entière les avait;
  Dans tous les regards on lisait
  La crainte, les regrets, le blâme;
Mais que ne peut la soif des titres, des honneurs?
  Bientôt l'ambition altière,
Du maître saisissant jusqu'aux moindres erreurs,
  L'orgueil, l'intrigue, l'arbitraire,
S'empara des esprits, changea les goûts, les mœurs,
Et des simples vertus corrompit les douceurs.
Le luxe, le flatteur, l'or, l'hôtel magnifique,
  Comme par un pouvoir magique,
  Reparurent insolemment.
Le mot de citoyen, celui de république,
De ridicule empreint, près du laurier civique
  Fut relégué honteusement.
Tout devint noble et fier, tout devint sombre et triste;

Tout fut classé; le grand, l'homme en place, l'artiste.
   Ils n'étaient plus ces heureux temps
   Où les lettres, où les talents,
Sur les titres, les noms remportaient la victoire;
Ces temps où le mérite avait aussi sa gloire;
   Ces temps où de l'égalité,
   Lien de la société,
Naissaient le sentiment, la douce confiance:
Alors l'esprit, le cœur, tout semblait agité;
   Alors tout semblait arrêté
   Par la crainte ou par l'espérance.
Ils n'étaient même plus ces transports généreux
Que faisaient éclater les succès de nos armes;
Pour des objets chéris de trop longues alarmes
Sur l'avenir enfin avaient ouvert les yeux;
Le canon annonçant ces triomphes nombreux,
   Qui pour nous avaient tant de charmes,
   Laissait Paris silencieux;
   Et nos bulletins glorieux,
Hélas! on les voyait effacés par les larmes.

<small>Marie-Louise.</small> Mais dans ce grand chaos un grand rayon brilla.
La paix, la douce paix si long-temps désirée,
Par un illustre hymen à nos yeux assurée
  Apparut et nous consola.
Qu'elle fut noble alors ta généreuse ivresse,
O mon pays ! si cher à la gloire, à l'honneur ;
  Qui sais pardonner la faiblesse,
  Les fautes, les torts d'un grand cœur ;
  Que rien n'abat, que rien n'alarme,
  Et qu'un beau sentiment désarme
  Au sein même de la douleur.
La fille des Césars, avec transport reçue,
Paraissait aux Français un astre bienfaiteur :
Je crois la voir encor, timide en sa candeur,
  Chaste alors, simplement vêtue,
Et portant sur son front l'empreinte du bonheur :
De toutes parts la joie éclatait à sa vue,
L'envie était muette et la crainte vaincue ;
  Et bientôt dans de saints transports
Les Muses, reprenant leur lyre suspendue,
Firent entendre au loin leurs magiques accords.

Tout mon cœur tressaillit à ce brillant délire:
Mais d'un trouble secret il était agité.
Au faîte du pouvoir, par lui-même porté,
  Le grand vainqueur, osons le dire,
  Redoutait de la vérité
La lumière, la force et la sévérité;
Dans ses vastes desseins craignant de laisser lire,
  Le droit de parler et d'écrire
  Sur le présent, l'avenir, l'alarmait;
  Son esprit juste lui disait
Qu'un sage écrit dure plus qu'un empire;
Il observait les lettres qu'il flattait;
Par leur puissance en secret oppressée,
  Son ame enfin s'en irritait,
Et ne pouvant étouffer la pensée,
  Sa main de fer la comprimait.

En lui j'avais compris cet orgueilleux mystère; *Épîtres diverses, Cantate.*
  Tout, jusqu'au mot qu'il m'adressait,
Son sourire incertain, tout me le dévoilait.
  Dès-lors, sérieuse, sévère,

N'espérant plus célébrer librement
Le beau transport, le juste sentiment
Qui remplissait mon ame tout entière,
Dans mes travaux en moi me renfermant,
Ma voix n'exprima plus que la raison austère;
Car de la liberté la raison est la mère.
Elle dictait encor mon vers indépendant;
  Mais quand la publique allégresse,
  La joie en tout lieu retentit;
  Quand je vis cette grande ivresse,
  De tous les feux de ma jeunesse
  Malgré moi mon cœur se remplit;
Je chantai le héros, et la paix, et la France :
Je les chantais; pourtant ma longue expérience
Arrêtait quelquefois mon poétique essor :
  De mon pays partageant l'espérance,
Je chantais son bonheur, mais j'en doutais encor.

<small>Guerres de 1813, 1814 et 1815.</small> Hélas ! tout confirma ma triste prévoyance;
Le triomphe, l'éclat, le bonheur, la naissance
  D'un fils, de la France l'espoir,

Rien ne put arrêter l'immanquable vengeance
Des peuples gémissant sous la main du pouvoir.
 Le vainqueur même, en sa marche incertaine,
En but à l'injustice, à l'erreur, à la haine,
Jouet des grands, des cours, de traîtres entouré,
A nos regards, aux siens cessant d'être sacré,
Bientôt ne montra plus que la faiblesse humaine.
  Semblable enfin, dans son cours radieux,
  Au météore ardent et lumineux
  Dont la clarté long-temps éblouissante,
  Toujours plus vive et déja vacillante,
Annonce le déclin, le grand homme déja
Par l'excès du génie avançant au-delà
Des bornes à l'orgueil, à la raison prescrites,
 Sans le savoir rentrait dans les limites
Qu'à l'homme de tout temps la nature imposa.

Alors tout retentit des fureurs de la guerre,
Alors les pleurs, le sang inondèrent la terre;
Nous eûmes contre nous les rois, les éléments,
 Les nations : toujours braves et grands,

3.

Dans une contrée étrangère
Nous vîmes succomber nos frères, nos enfants;
L'univers entendit nos longs gémissements,
Sans que la France encor fût moins forte et moins fière.
Mais bientôt du Nord descendant,
De vingt peuples divers une masse terrible
Menaça le peuple invincible
Sous un maître irrité lui-même s'irritant,
Et deux fois, oui deux fois (irréparable outrage!)
Le guerrier dévorant son impuissante rage,
Le citoyen couvert de sang et de lauriers,
Virent le nombre accabler le courage,
Et l'ennemi s'asseoir dans nos foyers.

Chute de l'empire. Mes yeux aussi l'ont vu ce temps, ce jour funeste!
J'ai vu la trahison consommer nos malheurs;
Du théâtre de nos douleurs,
De nos soldats muets j'ai vu partir le reste,
Le reste de nos défenseurs.
Je les ai vus ces rois, qui, remontés sans gloire
Sur un trône mal affermi,

Payaient du sang français, des fruits de la victoire,
    La vengeance de l'ennemi :
Je vous ai vus aussi dans notre ville immense,
Souverains ; mais gardez de croire que la France,
    Dans sa première et civique union,
    N'eût pu braver votre sainte alliance ;
Vous avez vaincu l'homme et non la nation :
    Jamais, jamais vos nombreuses cohortes
De la grande cité n'auraient franchi les portes ;
Jamais vos légions de soldats, de sujets,
N'auraient en ennemis foulé le sol français,
Si le héros tombé, de sa chute complice,
N'eût de nos libertés ébranlé l'édifice,
Et s'il eût, moins superbe en ses brillants exploits,
Moins fait pour la victoire et plus fait pour les droits...
Mais que dis-je ? il n'est plus, respectons sa mémoire ;
Honorons son malheur ! N'a-t-il pas dans les fers
    Encore étonné l'univers ?
Sa fin n'est-elle pas sa plus belle victoire ?
Il n'est plus ; respectons le grand homme ; l'histoire,
Quand les voiles du temps couvriront ses erreurs,

Redira son immense gloire,
De son règne l'éclat, la force, les splendeurs,
Sa chute épouvantable et ses longues douleurs.

<small>La restauration.</small> Les nôtres commençaient, dieux! qui l'aurait pu croire!
Ah! sans doute après un long temps
De triomphes, d'éclat, de combats, de souffrance,
Voir disparaître en peu d'instants
Un avenir entier de gloire et d'espérance;
Ah! sans doute, courber son front
Sous le fer, sous le poids d'une main ennemie;
Devoir dans sa propre patrie
De l'étranger subir et le joug et l'affront;
Devoir rester calme et paisible
Quand l'indignation fermente dans le cœur,
Ah! sans doute, des maux que peut souffrir l'honneur,
Il n'en est point de plus terrible.
Mais voir sur de vieux préjugés
S'établir la vieille puissance;
Par la nullité, l'ignorance,
Voir le droit, le mérite et la force outragés;

Voir méconnaître avec audace
Les lois et la foi des serments ;
Voir une cour, un roi s'occuper d'une chasse,
Quand la honte menace au dehors, au dedans ;
Voir l'erreur, la sottise altière,
Sans cesse élever leur barrière
Entre elles et la vérité,
Et forcer enfin la lumière
A reculer devant l'obscurité,
Ah ! c'en était plus pour la France
Que la guerre et tous ses fléaux ;
Et l'exposer à tant de maux,
C'était, lassant enfin sa noble patience,
Faire naître en son sein pour sa juste défense
Un nouveau peuple de héros.

Le temps la mûrissait cette grande vengeance,
Nous devions voir l'honneur d'une inflexible main
Anéantir comme un fantôme vain
Les droits du souverain donné par la naissance,
Dans son peuple forcé de voir son souverain.

Mais, ô dieux! jusque-là que de sombres alarmes
Sous un calme apparent agitaient tous les cœurs!
      Que d'injustices, que de larmes!
Que de sanglants arrêts souillant les lois, les armes!
Que de folles grandeurs remplaçant les grandeurs
      Naguère encor à nos yeux immortelles,
Et qui devaient bientôt ne nous laisser comme elles,
      Qu'un avenir de doutes et d'erreurs.

Arrêtons un moment : qu'est-ce donc que la vie,
      De douleurs, de revers remplie?
Une lutte pénible, un renaissant tribut,
Une longue journée, une course sans but :
Que dis-je? un vaste empire où règne la pensée,
Où l'homme est plus que tout, où son ame oppressée
      Par un instinct dominateur,
Partout lui fait chercher et trouver le bonheur
Dans ce qui l'agrandit ou l'élève, ou l'éclaire...
Que dis-je encor? la vie en son cours agité,
Est-elle cette vaine et brillante chimère,
      Ou cette triste obscurité?

Non, elle est un mélange et de joie et de peine,
Où tout se meut au gré de la faiblesse humaine;
Elle est un ordre, un don, une loi du destin
Qui de notre existence a tracé le chemin;
Un des plus beaux chaînons de sa chaîne éternelle,
Sans cesse entraînant tout quand tout se renouvelle;
Elle est enfin un bien dont chacun doit jouir,
Mais que nul n'apprécie et ne peut définir.

C'est par ces vérités de la philosophie *Les provinces du Rhin séparées de la France.*
  Que j'adoucissais mes chagrins,
Quand la France, remise en de débiles mains,
  Gémissait restreinte, asservie,
Et lorsque d'un époux partageant les destins,
Sans changer de foyers je changeais de patrie.
  Qui les peindra ces sentiments
Que j'éprouvais, chez moi devenue étrangère;
Quand partout je voyais l'appareil de la guerre,
  Des mœurs, des peuples différents?
  Quand tous reconnaissaient un maître,
Arbitre souverain du sort de ses sujets;

Lorsque Française hier, aujourd'hui j'ignorais
  Ce que demain je devais être;
Ou, lorsque tristement je portais mes regards
Sur ma patrie en deuil et veuve de sa gloire;
  Veuve de ses soldats épars,
   Honteux de trente ans de victoire !
De tant de coups frappée, à mon cœur agité
  Qui pouvait rendre sa fierté,
  Et son calme et son énergie?
Qui pouvait à mon front rendre sa dignité?
  Qui le pouvait?... O charme de ma vie!
Espoir de vivre encor dans la postérité,
Bonheur de chaque instant, inépuisable flamme,
Qui seuls calmez un cœur de douleur abreuvé,
  Nobles travaux de l'esprit et de l'ame,
  Vous étiez là, j'avais tout retrouvé !

Epîtres. Ouvrage sur l'Allemagne. Vingt-quatre Heures d'une femme sensible.

  A ce transport je redevins moi-même ;
Ces armes, ces soldats, ces hommes rassemblés,
L'ambition, l'orgueil de la grandeur suprême,

Tout disparut à mes yeux consolés;
En moi je retrouvai mes ivresses passées,
Et d'un monde nouveau me créant les douceurs,
    Seule au milieu d'un cercle de pensées,
Des peuples et des rois j'oubliai les erreurs.
        Tantôt, d'un beau transport saisie,
Je célébrais l'étude et la philosophie;
      Tantôt mon vers de crainte exempt
      Frappait le traître, l'intrigant;
      Tantôt, avide de lumières,
      Des nations que j'observais
      Jugeant les mœurs, les caractères,
      Aux nôtres je les comparais.
Plus souvent redoutant, dans ce désordre immense,
Des grandes vérités l'inutile clameur,
De mon sein, de ma plume, en sa vive abondance,
Je laissais s'échapper les vérités du cœur;
    Ces vérités qui sont celles du monde,
    Ces vérités dont la source féconde
    Est du bonheur l'éternel aliment,

Ces vérités de tout temps, de tout âge,
Que reconnaît le plus grand, le plus sage :
Les vérités du sentiment.

Ah! qu'ils eurent pour moi de charmes
Ces jours de travaux et d'alarmes;
Qu'ils reposaient mon cœur, qu'ils enivraient mes sens!
Combien de fois depuis, par moi-même attendrie,
En relisant ces doux, ces fiers épanchements,
En songeant à ces tristes temps,
Où tant de maux pesaient sur moi, sur ma patrie;
Combien de fois, encore accablée et ravie,
Ne me suis-je pas dit que ces cruels instants
Peut-être étaient les plus doux de ma vie!

<small>Congrès de Vienne. Congrès d'Aix-la-Chapelle.</small>
Mais les passions s'apaisaient,
Les jours, les ans disparaissaient;
La France se pliait à ses longues détresses,
Et les rois, oubliant leurs pompeuses promesses,
Sous de vaines grandeurs à nos yeux dérobaient
Les chaînes qu'ils nous préparaient.

Une seconde fois, dans leurs hautes sagesses,
      Libres enfin ils s'assemblaient;
  Ils s'assemblaient?... grands dieux!.. encor peut-être
Pour s'offrir en spectacle à l'univers surpris;
Pour se distribuer les ames, les pays;
Pour braver dans les fers celui qui fut le maître,
      Dont ils se disaient les amis;
Pour signer des traités invoqués ou détruits
Au moindre espoir qu'en eux l'ambition fait naître,
Ou pour prodiguer l'or de leurs sujets soumis
Dans des bals, des tournois, pour *daigner* y paraitre
D'un monde de flatteurs, de courtisans suivis?
Non, cette fois, après les horreurs de la guerre,
Ils voulaient, animés d'un plus beau sentiment,
    Rendre à l'Europe un repos nécessaire.
      Je respirai plus librement;
      Et dans cette cour passagère
Où le devoir encor, la raison m'appelait,
Je portai du passé l'inutile regret.
Là mon œil embrassait le théâtre du monde;
Là par les passions tous les cœurs agités,

L'ambition, l'orgueil, l'erreur, les vanités,
Semblaient m'ouvrir une source féconde
De lumières, de vérités.
Là, je voyais et sans morgue et sans faste
Fatigués d'une vaine et fausse dignité,
Ces souverains de près offrant le grand contraste
Du pouvoir, de l'éclat, de la simplicité;
Mais là, me rappelant notre gloire passée
Même quand tout frappait, éclairait mes esprits,
Soudain, je me sentais agitée, oppressée,
Au seul nom de ces rois contre nous réunis,
Et qui de ma patrie étaient dans ma pensée
Depuis trente ans les ennemis.

Les ennemis!....Sans doute ils l'étaient de la France,
De sa force, son rang, de son indépendance:
Ils sont hommes aussi; contre elle armant leur bras,
Ils avaient en devoir transformé la vengeance,
Et, vainqueurs, brisé la puissance
Du vainqueur qui pourtant ne les détrôna pas.
Mais de cette longue souffrance

Que sur nous l'étranger faisait encor peser,
Sur nous, de sa secrète et honteuse influence,
Était-ce aussi les rois qu'il fallait accuser?
Non; c'étaient ces soutiens de leur grandeur suprême,
      Ces véritables potentats,
Ministres, conseillers; plus que le maître même,
Décidant du bonheur, du destin des États;
Ces hommes du pouvoir, pour lui prêts à tout faire,
Qui déja, lorsqu'un peuple ardent et généreux
D'une liberté sage arborait la bannière,
Soudoyaient les partis, l'égaraient dans ses vœux,
Contre lui fomentaient et la haine et la guerre;
Qui plus tard, par l'intrigue et les affronts secrets,
Du grand homme irritant la superbe colère,
Lui montraient, dans ces rois qui l'appelaient leur frère,
D'éternels ennemis à s'armer toujours prêts;
Qui plus tard, quand peut-être il eût voulu la paix,
Quand tout eût pu fonder une sage alliance,
Poursuivant un dessein dès long-temps médité,
Dans son malheur, aux yeux de la postérité,
Abusaient, trahissaient la glorieuse France.
C'étaient aussi, c'étaient, à tous les rangs montés,

Ces flatteurs dont l'espoir sur les troubles se fonde,
Tels que ceux que l'on voit près de nos libertés
    Exploiter la mine féconde
Que l'intrigue des cours ouvre à l'avidité;
    C'étaient, fiers de leur dignité,
Ces grands, de leur pays prétendus mandataires,
De leurs maîtres partout servant les passions;
    Par des mesures arbitraires
Assurant, disent-ils, les droits des nations,
Et qu'aussi nous voyons, dans leurs sombres mystères,
Chaque matin bravant un public éclairé,
Signer au nom des rois, pour l'univers sacré,
D'insidieux traités, un obscur protocole,
Le lendemain par eux sans force déclaré,
    Quand, s'il manquait à sa parole,
Le plus pauvre croirait son nom déshonoré!
    Voilà de la France, du monde,
Du passé, du présent, du sinistre avenir,
Voilà les ennemis!

La France après l'occupation

          Lorsque le souvenir,
Dans mon sein réveillant cette douleur profonde,

M'accablait au milieu des fêtes, du plaisir,
Sans cesse poursuivant sa course,
Le despotisme dans leur source
Étouffait les grandeurs qu'il voulait nous ravir.
Il permit que la France enfin redevînt libre,
Libre dans ses étroits remparts,
Lorsque des bords de l'Elbe aux bords riants du Tibre
Naguère elle avait vu flotter ses étendards;
Libre, mais soumise et déchue;
Libre, conquise, et, disait-on, vaincue;
Libre, quand chaque jour ses sourds gémissements
Vainement à celui qui s'en croyait le maître
Disaient ce qu'elle était, ce qu'elle pouvait être,
Ce qu'un jour seraient ses enfants.
Mais le sort, le malheur avait courbé sa tête;
Quand le laurier couvrait son front
Elle reçut ensemble et la paix et l'affront.
Le calme suivit la tempête,
Et bientôt (ô pour moi jour de joie et de fête !
Jour de bonheur !) je me revis
Dans mes foyers, dans mon pays.

Retour en France.

Mon pays!... quelle vive flamme
Son seul aspect portait dans mes sens, dans mon ame!
Que de grands souvenirs partout j'y retrouvais!
Qu'avec transport j'y contemplais
Ces lieux témoins de ma jeunesse,
De mes travaux, de ma brûlante ivresse!
Que ces amis qui m'entouraient,
Ces vieux amis charmés de ma présence
Par leur présence aussi me ravissaient!
Ah! mille maux encor sur nos têtes pesaient,
Mais rien ne me manquait, je revoyais la France!

Amour des lieux où l'on reçut le jour,
De la patrie inexplicable amour;
Seul lien dont le temps, dont l'humaine faiblesse
Jamais n'ait altéré l'effet,
Qu'es-tu? quel est ton but, ton invincible attrait?
Qu'es-tu? l'homme partout ne sent-il pas sans cesse
La terre sous ses pas et l'air autour de lui?
Partout ne peut-il pas se créer un appui?
La nature, partout déployant sa richesse,

N'offre-t-elle pas à ses yeux
De la vie et de la tendresse
Sous mille aspects divers les trésors précieux,
Et le calme des nuits, et la clarté des cieux?
Qu'es-tu, beau sentiment qui gouvernes la terre?
Ah! n'en doutons pas, un mystère,
Dont notre œil ne saurait percer la profondeur,
Un des bienfaits du pouvoir tutélaire,
Qui sur nous veille en sa grandeur,
Et qui de cet instinct qui nous est nécessaire,
Qui doit à notre insu régner dans notre cœur,
Dans sa sagesse a voulu faire
De notre course passagère
Et le premier besoin, et le premier bonheur.

A peine me livrant à ces douces pensées,   *La société
Du sort, dans un heureux repos,   sous la
J'oubliais les rigueurs passées;   restauration.*
Autour de moi, partout, j'aperçus d'autres maux :
Osons le dire, après sa trop longue souffrance,
Dans la France mes yeux ne trouvaient plus la France.

Des partis les sombres fureurs,
S'exhalant en vaines clameurs,
Ou cédant à l'orgueil, l'intérêt, l'espérance,
Troublaient ou glaçaient tous les cœurs.
L'égoïsme, l'indifférence,
L'infortune elle-même, en ses justes douleurs,
Se renfermait dans un morne silence,
Et la société sans formes, sans douceurs,
Mélange de dédains, d'intrigues, de contrainte,
D'un pouvoir étranger à nos goûts, à nos mœurs,
Avait déja reçu l'empreinte.
Rien n'y rappelait la gaîté,
La riante célébrité,
De ma jeunesse heureux délire;
Ni l'imposante dignité,
L'éclat, la gloire, la fierté,
Grand caractère de l'empire.
Tout y paraissait un chaos
Où, de ces désordres nouveaux,
L'œil du sage cherchant les causes,
Voyait du plus beau des pays

Les rois, chez l'étranger dans les haines vieillis,
A leur chute marcher par la force des choses
    Et la faiblesse des esprits.
Que dis-je? une fatale et plus grande influence
Partout y faisait voir l'œuvre de la vengeance,
L'œuvre du fanatisme en ses détours obscurs,
    Trompant la crédule ignorance,
    Portant des coups cachés, mais sûrs;
    D'une éternelle surveillance
    Entourant la raison, l'honneur;
    Faisant un crime du silence;
Au nom d'un Dieu de paix prêchant l'intolérance,
    Et du glaive de la fureur
    Armant le bras de la puissance.

    De cette sombre et secrète terreur
Chaque jour, chaque instant augmentait la rigueur.
Cependant le Français, oubliant ses alarmes,
Heureux de n'avoir plus à répandre des larmes,
    Dans la paix cherchait un bonheur
Qu'il n'avait pu trouver dans l'éclat de ses armes;

Ouvrages divers. Epître sur l'esprit du siècle.

Les lettres, les beaux-arts enchantaient son repos ;
Ils firent naître en moi mille transports nouveaux.
  Bientôt je rentrai dans l'arène,
Je recueillis le fruit de ces nombreux travaux
Qui loin de mon pays avaient charmé ma peine,
Et ce que j'avais vu, ce qu'encor je voyais,
Ce spectacle de maux, d'inutiles excès
Enflammant mon esprit libre de toute chaîne,
  J'élevai la voix : nos regrets,
Nos grands aveuglements, cette discorde immense,
Qui planait sur l'Europe et menaçait la France,
De tant d'égarements les causes, les effets,
Mon vers embrassa tout dans son vaste délire,
Et sur mon front encor, ô bonheur ! je vis luire
Près de l'hiver de l'âge un rayon de succès.

<small>Révolution de 1830.</small> Mais l'orage grondait : trop long-temps comprimées,
Sans qu'un pouvoir aveugle eût compris ses erreurs,
Les nobles passions et les justes clameurs
  De toutes parts s'élançaient enflammées.
La foudre pour tomber n'attendait qu'un signal,

Le trône le donna : du malheur général
Jaillirent à l'instant la force, le courage;
Un peuple généreux, calme dans sa fureur,
Proclamant l'ordre au sein de l'horrible carnage;
    Une jeunesse ardente et sage,
Unissant aux clartés l'héroïque valeur;
Et dans tout son éclat, toute son énergie,
La liberté superbe, imposante, agrandie,
Sous un roi citoyen promettant le bonheur;
    La liberté conquise par l'honneur.

Dieux ! quel spectacle et sublime et terrible
    Offrit alors à l'univers
    Ce grand combat, ce grand revers !
    Un souverain heureux, paisible,
Qui du faible partout doit être le soutien,
Ordonnant de sang-froid la mort du citoyen;
La force vainement soutenant la puissance;
Des femmes, des enfants atteints dans leurs foyers;
Le sang de l'artisan, sans haine, sans vengeance,
    Souvent même sans résistance,

Se mêlant au sang des guerriers;
Là, les vieux défenseurs de notre indépendance,
De tout un peuple respectés,
Au milieu des dangers par leur seule présence
Portant l'espoir, le calme en ses flots irrités;
Là, dépouillés de leurs grandeurs factices,
De haineux courtisans fuyant épouvantés,
Chargés d'or, et suivis de leurs lâches complices,
Lorsque dans le palais des rois,
Le pauvre resté pauvre au sein de l'abondance,
Frappé, tombant et remplacé cent fois,
Faisait enfin flotter sur l'édifice immense
Le signe révéré de la grande union,
Du triomphe, de l'espérance,
L'étendard de la nation!
Et partout, oui partout, (dans l'avenir, ô France!
Qu'avec respect ton nom sera cité!)
Partout l'amour des droits, la raison, la vaillance,
La justice partout, partout l'humanité!..

Épître aux souverains absolus.

GRACE te soit rendue, ô Dieu de ma patrie!

Grace te soit rendue, ò destin généreux
  Qui, sur le déclin de ma vie,
  Encore as permis que mes yeux
Revissent ces couleurs, symbole de la gloire;
  Qu'encor mon oreille entendît
  Ce chant de liberté proscrit,
Parce qu'il rappelait l'honneur et la victoire;
  Que sans crainte mon vers, ma voix,
Retrouvant tous les feux de ma vive jeunesse,
  Portât dans ma civique ivresse
  La vérité jusques aux rois !

  Graces surtout vous soient rendues,
  Grands citoyens morts pour votre pays !
Que vos noms, il le veut, soient sur le marbre inscrits;
Qu'ils montrent à jamais aux nations déçues,
  Aux nations qu'opprime le pouvoir,
  Leurs droits, leur force, leur devoir;
  Et que dans nos chants, dans nos fêtes
  Par nous, par nos enfants redits,
Ils retracent sans cesse aux généreux esprits
  La plus digne de nos conquêtes,

De nos efforts le plus glorieux prix.

<small>Situation actuelle de la France.</small> Muses qui présidez à ces simples récits,
Muses, arrêtons-nous : vous avez de la France
  Vu le réveil, la renaissance;
Vous avez vu son peuple, aux lois seules soumis,
Avec son roi former une sainte alliance;
Vous avez vu briller, sur le sein des vainqueurs,
Le signe respecté de la reconnaissance,
Et la paix et l'espoir rentrer dans tous les cœurs !
Muses, arrêtons-nous; Muses, posons la lyre;
Sur nos têtes, partout, l'orage gronde encor,
Mais ne redoutons point ce reste de délire;
Le grand peuple a repris son légitime essor,
  Il reprendra son juste empire.
Pour enchaîner encor sa pensée et son bras,
Que le puissant s'égare ou se laisse conduire;
Que l'ennemi s'apprête à de nouveaux combats;
Que son regard s'attache à chacun de nos pas;
 Que ce qu'il voit, que ce qu'il entend dire,
Lui rappelle des temps qu'il ne reverra pas;

Que le pouvoir vaincu s'avilisse et conspire;
Qu'il livre à la fureur, à d'éternels regrets,
Ce qu'il croit ses États, ceux qu'il croit ses sujets.
Succombant sous le poids d'un courage inutile,
Abandonnés de tous, sans espoir, sans asile,
Que de nos vieux amis les restes dispersés
  Chez nous errent de ville en ville,
Jusque dans leur tombeau peut-être repoussés;
Que nos fils, nos fils même, ivres déja de gloire,
Nos fils chez l'allié dans tous les bras pressés,
  Nos fils marchant à la victoire
  Soient par des prêtres offensés;
Qu'ailleurs, nous rappelant notre grandeur première,
 Affranchissant une terre étrangère,
Ils soient encor soumis à ces pouvoirs jaloux
Nous imposant la paix, nous permettant la guerre,
  Quand les fruits n'en sont pas pour nous;
Que la crainte, l'erreur, ou l'aveugle démence,
  Jusque dans le sein de la France,
Verse le sang français par la main du Français,
Lorsque l'amour d'un peuple entourant la puissance,

Seul, peut l'affermir à jamais ;
Que tout enfin, que tout sur notre indépendance,
Sur nos pactes, nos lois nous alarme en secret,
Rien ne l'arrêtera la clarté qui s'avance,
De la marche des temps inévitable effet ;
Rien n'en arrêtera le civique bienfait :
  Toujours et plus forte et plus sage,
  France, tu te relèveras ;
Semblable au chêne altier qu'agite en vain l'orage,
France, après le danger, calme tu brilleras ;
Et ces droits que l'orgueil, les passions des hommes
  Cherchent encor à te ravir,
Ces droits que chaque jour voit croître et s'affermir,
Resteront le flambeau du grand siècle où nous sommes,
Celui des nations, celui de l'avenir.

Conclusion. Oui ! le monde verra cette grande lumière ;
  Mais dans tout son éclat, hélas !
Dans toute sa splendeur, je ne la verrai pas.
Le temps, suivant toujours sa course régulière,
Dans son immensité s'avance pas à pas ;

Ce n'est que lentement qu'il agit, qu'il éclaire.
Huit lustres de combats, de glorieux exploits,
A peine du pouvoir ont fixé la barrière,
Sans cesse il sait encor nous imposer des lois;
   Et l'âge vient, et j'aperçois
   Déja la fin de ma carrière :
Je ne le verrai pas le triomphe des droits,
Il n'enchantera point ma course passagère;
  Mais je saurai qu'un jour il brillera,
  Que chaque instant nous en rapprochera,
Et je pourrai me dire à mon heure dernière :
L'œuvre de la justice enfin s'accomplira.

Ah! que pourrai-je alors désirer sur la terre!
   Que puis-je y désirer encor!
Née en ces temps où rien n'arrêtait notre essor,
Je puis, levant le front, regarder en arrière.
L'amour de la patrie et de la liberté,
Le beau rêve, l'espoir de la célébrité,
Ont occupé, rempli, charmé ma vie entière;
Toujours j'ai dédaigné l'éclat et la grandeur;

Toujours j'ai de mon sexe embrassé la défense ;
Jamais d'un vers adulateur
Ma lyre, ni ma voix n'encensa la puissance ;
Jamais je n'ai compris qu'on pût souffrir l'offense
Sans la repousser par l'honneur ;
Je les connus aussi l'amitié, la tendresse,
Les mutuels, les purs épanchements ;
Ils ont dans mon bonheur augmenté mon ivresse,
Ils ont dans mes malheurs adouci mes tourments.
Qu'il vienne donc le jour où de mes éléments
L'ordre cessant de soutenir ma vie,
Ils devront retourner dans la tombe des temps
D'où les avait tirés la sagesse infinie
Qui voit naître et mourir ses éternels enfants ;
Qu'il vienne ce moment marqué par la nature,
Qu'il vienne, je l'attends sans crainte et sans murmure ;
Mes destins ici-bas, mes devoirs sont remplis.
Mais après moi que mes écrits,
De mon ame toujours la fidèle peinture,
Encor quelquefois soient redits ;
Et que ces vers, que ces simples récits

De mon existence passée,
A mes amis, mon pays, l'avenir,
Des temps où j'ai vécu, de toute ma pensée,
De tout ce que j'ai vu laissent un souvenir.

Je venais d'avoir soixante ans (en 1827) lorsque j'ai commencé cet ouvrage. La difficulté d'exprimer alors librement tout ce que j'avais à dire sur les grands événements que je rappelais, me l'avait fait abandonner, et ce n'est que l'année dernière, et après avoir publié mon Épître aux souverains absolus, que je m'en suis occupée de nouveau. Il ne m'a point paru que cette différence de quelques années m'obligeât à renoncer au titre de *Mes soixante Ans* auquel se rapportent le début, la fin et même le plan général de ces souvenirs : mais pour l'exactitude des dates, mon âge se trouvant indiqué dans quelques biographies, j'ai cru devoir donner cette explication.

www.ingramcontent.com/pod-product-compliance
Lightning Source LLC
LaVergne TN
LVHW020952090426
835512LV00009B/1844